BEI GRIN MACHT SICH IHR WISSEN BEZAHLT

AF135739

- Wir veröffentlichen Ihre Hausarbeit, Bachelor- und Masterarbeit

- Ihr eigenes eBook und Buch - weltweit in allen wichtigen Shops

- Verdienen Sie an jedem Verkauf

Jetzt bei www.GRIN.com hochladen und kostenlos publizieren

GRIN

Grundlagen der Markt- und Werbepsychologie. Apparative Messmethoden und die Anwendung der sozialpsychologischen Attributionstheorie

Anna Laura Klues

Bibliografische Information der Deutschen Nationalbibliothek:

Die Deutsche Nationalbibliothek verzeichnet diese Publikation in der Deutschen Nationalbibliografie; detaillierte bibliografische Daten sind im Internet über http://dnb.d-nb.de abrufbar.

ISBN: 9783346221438
Dieses Buch ist auch als E-Book erhältlich.

Druck und Bindung: Books on Demand GmbH, Norderstedt Germany
Gedruckt auf säurefreiem Papier aus verantwortungsvollen Quellen

Das vorliegende Werk wurde sorgfältig erarbeitet. Dennoch übernehmen Autoren und Verlag für die Richtigkeit von Angaben, Hinweisen, Links und Ratschlägen sowie eventuelle Druckfehler keine Haftung.

Das Buch bei GRIN: https://www.grin.com/document/889132

Einsendeaufgabe

Alternative A

Themen:

1. Apparative Messungen in der Werbewirkungsforschung
2. Sozialpsychologische Attributionstheorie und ihre Anwendung

Abgegeben am:	1. Mai 2020
	SRH Fernhochschule Riedlingen
Modul: Studiengang:	Markt- und Werbepsychologie I
	Psychologie B. Sc.

<u>Von:</u>

Anna Laura Klues

Studiengang: Psychologie B. Sc.

Inhaltsverzeichnis

Abbildungsverzeichnis

Tabellenverzeichnis

1. Apparative Messungen in der Werbewirkungsforschung

Ziele von Werbung sind z.b., den Bekanntheitsgrad zu erhöhen, Käufe zu aktivieren oder die Verbesserung des Marken-Images. Damit derartige Ziele erreicht werden können, muss sichergestellt werden, dass die Werbung überhaupt wahrgenommen wird und so wirken kann. Wichtig ist daher, zu prüfen, „ob die Werbung auf der Wirkungsebene der Aufmerksamkeit und Wahrnehmung „durchkommt".[1] In der Werbewirkungsforschung kommt apparativen Messungen eine große Bedeutung zu, da dieses Messverfahren im Vergleich zu anderen selfreport-basierten Methoden, physiologische Reaktionen nicht nur beobachtet, sondern auch aufzeichnet und speichert. Es besteht die Möglichkeit, sowohl bewusste als auch unbewusste Prozesse im Zeitverlauf zu erfassen und Daten über die Wirkungsdimensionen Aufmerksamkeit, Wahrnehmung sowie Zuwendung zu sammeln.[2] Somit entsteht der Vorteil, dass Werbewirkungen, die nicht durch Abfrage gemessen werden können, sichtbar gemacht werden und der Proband seine körperlichen Reaktionen nur kaum beeinflussen kann.[3] Eine Schwierigkeit apparativer Messungen ist, dass der Einsatz dieses Verfahrens Fachwissen der durchführenden Person voraussetzt, um die Daten auswerten und interpretieren zu können.[4] Zu apparativen Messmethoden zählen das Eye-Tracking, der Tachistokop-Test, der Aktivierungs-Test, die Elektroenzephalografie (EEG), Emotion Scanning, die nonverbale Resonanz-Messung und andere Messung der Gehirnaktivitäten über bildgebende Verfahren.[5] Im Folgenden werden das Eye-Tracking und der Tachistoskop-Test und die abzubildenden Konstrukte vorgestellt und erläutert.

---

[1] von Keitz (2016), S. 222
[2] Vgl. von Keitz (2016), S. 222
[3] Vgl. Becker/Trommsdorff (2016), S. 215
[4] Vgl. Hofer/Fahr (2016), S. 573
[5] Vgl. von Keitz (2016), S. 224

1.1 Eye-Tracking

Die Eye-Tracking-Methode ist ein apparatives, physiologisches und rezeptions-begleitendes Beobachtungsverfahren und ermöglicht eine Ermittlung der Blick-richtung von Personen und somit Aussagen darüber, welche Medieninhalte wie lange und ebenso in welcher Reihenfolge von Rezipienten[6], also den Betrach-tern, angeschaut werden.[7] Eye-Tracking wird auch als Blickaufzeichnung oder Blickregistrierung bezeichnet und beschäftigt sich mit den Fragen, ob Werbung bei den Zielpersonen Aufmerksamkeit findet und wie lange sich die Rezipienten mit der Werbung beschäftigen. Zudem können weitere detailreiche Auswertun-gen durchgeführt werden, darunter z.B., ob einzelne Elemente der Werbung Be-achtung finden, wie intensiv Details gezeigt werden oder wo genau der Blickfang liegt und wie der Blick verläuft (siehe Abb. 1). Auf Grundlage dieser Beobachtun-gen, die durch das Eye-Tracking festgestellt werden, kann die Gestaltung der Werbung optimiert werden.[8] Eye-Tracking dient daher als Kontrollinstrument, um festzustellen, ob die Werbebotschaft nicht nur im Wahrnehmungsbereich des Käufers angelangt ist, sondern auch um zu prüfen, ob die Botschaft auch im Ge-hirn des Käufers angelangt ist. Die Fixation des Auges auf einen Punkt für 0,3 Sekunden kann ein Indikator dafür sein, dass die Information im Gehirn des Be-trachters angekommen ist und eine Wirkung entstehen kann.[9] Die häufigste an-gewendete Methode der Blickregistrierung ist die Cornea-Reflex-Methode, die in dieser Arbeit genauer erläutert wird. Zudem gibt es noch weitere Methoden, wie das Elektro-Okulogramm, Lumbus-, Pupillen- oder Augenlidregistrierung, die Kontaktlinsenmessung oder die Blickachsenmessung.[10]

---

[6] Zur Verbesserung des Leseflusses wird im Folgenden auf die geschlechtliche Unterscheidung zwischen Rezipientinnen und Rezipienten zu Gunsten des Wortes Rezipienten verzich-tet.
[7] Vgl. Geise (2011), S. 159; vgl. Blake (2013), S. 367
[8] Vgl. von Keitz (2016), S. 224f.
[9] Vgl. Rutschmann (2013), S. 209
[10] Vgl. Hofer/Mayerhofer (2010), S. 149

E	Wie lange beschäftigt sich ein Leser mit dem Werbemittel?
Y	
E	Welche Elemente (Anzeige, Werbespot oder Plakat) werden betrachtet?
	Was wird wahrgenommen?
T	
R	Was wird eventuell übersehen?
A	
C	In welcher Reihenfolge wird fixiert?
K	Welcher Text wird gelesen?
I	
N	Welche Bereiche werden intensiver betrachtet?
G	Wie oft und lange werden die verschiedenen Elemente betrachtet?

Abbildung 1: Analysemöglichkeiten des Eye Trackings

Quelle: Nufer/Ambacher (2012), S. 9

Um das Verfahren des Eye-Trackings erläutern zu können, ist es von Bedeutung, kurz die Grundlagen visueller Wahrnehmung darzustellen. Das Sehvermögen des Menschen ist ungleichmäßig verteilt, d.h. blickt er auf einen Fernsehbild-schirm, dann ist nicht das ganze Bild gleichmäßig hochaufgelöst, sondern der Randbereich ist weniger scharf zu sehen. Die Photorezeptoren, die für das Se-hen bei Tageslicht und auch das Sehen von Farben zuständig sind, die Zapfen, sind nur in bestimmten Arealen der Netzhaut in so hoher Dichte vorhanden, dass einfallendes Licht in detailreiche Bilder umgesetzt werden kann. Der Bereich des schärfsten Sehens wird als Fovea Centralis oder Sehgrube bezeichnet. Schaut der Mensch ein Objekt direkt und fokussiert an, dann gelangt dieses Abbild in den Bereich mit der höchsten Auflösung und wird so scharf. Die Fovea Centralis umfasst nur ca. 1° des ca. 160° breiten menschlichen Sichtfeldes.[11] Aufgrund dessen ist es durch das Eye-Tracking, welches sich diese „Mängel" des mensch-lichen Auges zunutze macht, möglich, durch die Ausrichtung des Auges der Re-zipienten zu bestimmen, welchen Bereich des Sichtfeldes sie gerade hochauflö-send sehen können. Wenn bspw. das letzte Wort auf einem DIN-A4-Blatt direkt fokussiert wird, dann kann dieses Wort und eventuell Wörter in seiner direkten Umgebung erkannt werden. Wörter, die weiter oben auf dem Blatt stehen, kön-nen zwar nicht mehr direkt identifiziert werden, es wird aber trotzdem im

---

[11] Vgl. Blake (2013), S. 369

peripheren Gesichtsfeld erkannt, dass sich noch weiterer Text auf dem Blatt befindet. Das Auge nimmt zudem im peripheren Gesichtsfeld schemenhaft durch Farben oder Formen hervorgehobene Abbildungen, z.B. Tabellen wahr. Beide unterschiedlichen Arten zu Sehen, foveal und peripher haben verschiedene wichtige Aufgaben. Das foveale Sehen dient so dem detailreichen Sehen ausgewählter Bereiche des Blickfeldes, indem unterschiedliche Bereiche nach und nach fokussiert werden und dann zu einem mentalen Abbild zusammengefügt werden. Dahingegen ist das periphere Sehen für markante Areale eines Stimulus, wie z.B. einer Überschrift einer Zeitschrift zuständig. Hauptaufgabe des peripheren Sehens ist die Umgebungsbeobachtung und die Vorbereitung der Augenbewegungen auf neue Ziele.[12] Des Weiteren ist von Bedeutung, dass es drei verschiedene Arten von Augenbewegungen gibt, stabilisierende und zielsuchende Bewegungen sowie Mikrobewegungen. Stabilisierende „Bewegungen" werden auch als Fixationen bezeichnet und sind die Zeitpunkte, bei denen das Auge relativ stillsteht. Folgebewegungen bei sich bewegenden Objekten gehören ebenfalls zu Fixationen, da das Auge versucht, das Abbild in der Fovea zu fixieren. Zielsuchende Bewegungen, auch Sakkaden genannt, sind Momente, in denen der Blick ruckartig verschoben wird, also schnelle und sprunghafte Augenbewegungen beim Überblicken einer visuellen Szene.[13] Die dritte Art der Augenbewegungen ist für das Eye-Tracking von geringerer Bedeutung. Sakkaden und Fixationen lösen sich in einem Prozess immer wieder gegenseitig ab. Es wird angenommen, dass während der Sakkaden das Sehen stark eingeschränkt ist und so im Rahmen von Sakkaden gesehene Bereiche nicht im Detail wahrgenommen werden. So kommt es zu der Schlussfolgerung, dass nur bei Fixationen visuelle Informationen wahr- und aufgenommen werden können, was sich im Rahmen des Eye-Tracking zu Nutze gemacht werden kann.[14]

Durch die Bestimmung der Augenstellung der Rezipienten kann auf die foveal sichtbaren Bereiche des Stimulus geschlossen werden. Zur Bestimmung der Augenstellung gibt es verschiedene technische Ansätze, wobei überwiegend der videobasierte Ansatz angewendet wird. Per Kamera werden die Positionen der Pupille und des Cornea-Reflex in Relation gesetzt. Cornea-Reflex meint die

---

[12] Vgl. Blake (2013), S. 368ff.
[13] Vgl. Hofer/Mayerhofer (2010), S. 145f.; vgl. Blake (2013), S. 370
[14] Vgl. Blake (2013), S. 370

Spiegelung der Lichtquelle auf der Hornhaut des Auges. „Stimmen Pupillenmitte und Mittelpunkt des Cornea-Reflex überein, schauen Personen exakt in Richtung der Lichtquelle, die die Reflexion auf der Cornea hervorruft."[15] Um zu gewährleisten, dass der Eye-Tracker nicht nur ausschließlich bei einer direkten Übereinstimmung der Pupillenmitte und dem Mittelpunkt des Cornea-Reflex eine Bestimmung der Blickrichtung durchführen kann, wird das System vor der Anwendung kalibriert. Wichtig sind diese zwei Referenzpunkte, damit nicht leichte Kopfbewegungen schon zu einer Verfälschung der Ergebnisse führen. Daher ist es heute möglich, die Methode des Eye-Trackings auch ohne eine Fixierung des Kopfes durchzuführen und trotzdem genaue Daten zu erheben.[16]

Unter den videobasierten Methoden gibt es stationäre und mobile Systeme. Stationäre Systeme werden auf dem Tisch vor dem Rezipienten platziert und bestehen aus einem Bildschirm, der eine Infrarotlichtquelle und Kameras zur Aufzeichnung integriert hat. Zwischen dem Rezipienten und der Apparatur besteht kein körperlicher Kontakt, daher wird dieses System auch als Remote Eye-Tracker bezeichnet. Im Gegensatz zu diesem System können mobile Eye-Tracker deutlich flexibler eingesetzt werden und sind durch eine Kopfbedeckung oder in der Brille des Rezipienten integriert. Der Vorteil hier ist, dass dieses System auch außerhalb des Labors verwendet werden kann, da die Versuchspersonen den Steuerungscomputer im Rucksack mit sich führen können. Neben Infrarotlichtquelle und Kameras verfügt dieses System zusätzlich noch über eine Umgebungskamera.[17]

Eye-Tracking wird vorrangig eingesetzt, um das Konstrukt der Aufmerksamkeit zu analysieren. Aufmerksamkeit meint die Allokation von kognitiven Ressourcen für die Verarbeitung bestimmter Stimuli. Aufmerksamkeit kommt in der Werbewirkung eine große Bedeutung zu, da sie eine Grundvoraussetzung für die Wahrnehmung sowie die Verarbeitung werblicher Informationen darstellt.[18] Eye-Tracking kann Auskunft darüber geben, wie die Aufmerksamkeit in ihrer Dauer und Häufigkeit auf bestimmte Elemente verteilt ist, wie bspw. einer Website oder einer Zeitungsseite. Zudem können Aufmerksamkeitsmuster bei einem gegebenen Medienstimulus in Abhängigkeit von unterschiedlicher grafischer Gestaltung

---

[15] Blake (2013), S. 371
[16] Vgl. Blake (2013), S. 372
[17] Vgl. Blake (2013), S. 373f.
[18] Vgl. Hofer/Fahr (2016), S. 579

untersucht werden. Auch die Analyse „von Prozessen der visuellen Wahrnehmung und kognitiven Informationsverarbeitung bei der Rezeption von komplexen
visuellen bzw. hypertextuellen Angeboten"[19] kann durchgeführt werden. Zuletzt
wird es ebenfalls angewandt, um Wahrnehmungs-, Aufmerksamkeits- und Inter-
aktionsmuster, bspw. beim Spielen am Computer zu analysieren.[20]

Häufig ist es zudem von Vorteil, die Eye-Tracking-Methode in Kombination zur
„klassischen" Befragung der Rezipienten durchzuführen. Dadurch können die
durch das Eye-Tracking gewonnenen Informationen durch die Befragungsdaten
ergänzt und mit ihnen verglichen werden, um so eine zusätzliche Informations-
quelle zur Interpretation der Eye-Tracking Ergebnisse zu gewinnen. Nicht nur die
Kombination dieser apparativen Messung mit schriftlichen Befragungen ist sinn-
voll, sondern auch die Kombination mit Online-Befragungen.[21]

Nachteile dieses Verfahrens, das zur Registrierung von Blickbewegungen und
Fixationsdauer dient, sind, dass es trotz zur Verfügung stehender Remote Eye-
Tracker mit einem hohen technischen Aufwand verbunden ist und es zudem auch
einen hohen finanziellen Aufwand mit sich bringt.[22]

1.2 Tachistoskop-Test

Der Tachistoskop-Test ist besonders für solche Werbung konzipiert, die für den
Rezipienten nur für kurze Zeit sichtbar ist, wie z.B. die Werbung auf einem Plakat.
Bei solchen Werbemedien ist es von besonderer Bedeutung, in kürzester Zeit
viel zu kommunizieren und eine schnelle Wirkung der Marketingbemühungen zu
erzielen. Der Test soll zeigen, wie viel und was der Rezipient in dem kurzen Kontakt zu der Werbung erkennen kann. Er soll Fragen beantworten können, wie:
Wie schnell wird die Aufmerksamkeit auf die Werbung gezogen? Wie gut funkti-
oniert die Markenerkennung? Wie gut sind einzelne Elemente lesbar? Wie
schnell wird die einzelne Sorte bzw. Marke erkannt? Der Test soll neben der

---

[19] Geise (2011), S. 162
[20] Vgl. Geise (2011), S. 162
[21] Vgl. Geise (2011), S. 219f.
[22] Vgl. Gleich (2005), S. 291

Wahrnehmbarkeit und der Erkennbarkeit der Werbung ebenfalls eine Aussage darüber geben, wie die spontane Anmutungswirkung ist, also ob der kurze Kontakt positive oder negative Qualitäten übermittelt.[23] Ergebnisse, die durch den Tachistoskop Test gewonnen werden, können dazu genutzt werden, um die Lesbarkeit und die Wahl des Schrifttyps des Werbemittels zu optimieren und um Farben und Gestaltungen zu wählen. Zudem hilft es dabei, die Werbung so zu wählen, dass sie schnell wirkt und kommunikationsstark ist und somit in kurzer Zeit einen hohen Informationsgehalt liefert.[24]

Das Vorgehen des Tests ist folgendermaßen: Mit Hilfe des Tachistoskops werden Materialien bzw. die zu testenden Objekte wie das Plakat oder die Verpackung mehrere Male sehr schnell und kurz angezeigt, die Dauer des Anzeigens nimmt dabei zu. Der Vorteil des Tachistoskops im Gegensatz zu anderen Computermonitoren ist, dass die optische Auflösung sehr hoch ist und so auch die Details gut erkennbar sind. Ähnlich wie beim Eye-Tracking misst der Tachistoskop-Test die Aufmerksamkeit bzw. die Wahrnehmung der Rezipienten. Dieser Test gibt detaillierte Auskunft darüber, was durch den Rezipienten als erstes wahrgenommen wird und, ob er die wahrgenommenen Informationen negativ oder positiv interpretiert. Der Test kann somit erste Auskunft darüber geben, ob die Werbung bei dieser Person ihr Ziel erreicht. Neben der Information, welche Inhalte besondere Aufmerksamkeit erhalten, kann auch ermittelt werden, wie schnell welche Objekte wahrgenommen werden. Die Aufmerksamkeit wird messbar, indem die Rezipienten nach Durchführung des Tests einer Befragung unterzogen werden. Die Aufmerksamkeitswirkung kann getestet werden, indem die zu testenden Objekte in ein Umfeld integriert und anschließend einzeln gezeigt werden, um die Aufmerksamkeit zu überprüfen.[25] Tachistoskop Tests konnten belegen, „dass für die Bearbeitung von Schlüsselbildern bzw. Logos, die bereits gut gelernt sind, nur Bruchteile von Sekunden notwendig sind."[26]

Nachdem dem Rezipienten die Objekte in beliebig kurzen Teilabschnitten und für beliebige Zeitintervalle gezeigt wurden, findet die Befragung der Person statt, um die Prägnanz und die emotionale Anmutung des Objektes messbar zu machen. Vorteile dieses Testverfahrens sind, dass der Test nur sehr schwer durch den

[23] Vgl. von Keitz (2016), S. 233
[24] Vgl. von Keitz (2016), S. 235
[25] Vgl. von Keitz (2016), S. 234
[26] Hofer/Mayerhofer (2010), S. 155

Rezipienten beeinflusst werden kann aufgrund der Kurzzeitigkeit der Durchführung. Nur bei der Befragung im Anschluss besteht die Möglichkeit von subjektiven Wertungen. Zudem ist ein Vorteil, dass das Verfahren auch mobil durchgeführt werden kann im Rahmen einer Klassenzimmerbefragung. Ein Nachteil dieses Verfahrens, sofern es im Labor durchgeführt wird, ist der hohe Kostenaufwand, der allerdings minimiert werden kann, wenn eine Klassenzimmerbefragung durchgeführt wird.[27]

Ähnlich wie beim Eye-Tracking-Verfahren ist auch hier die visuelle Wahrnehmung ein zentraler Aspekt, da den Rezipienten die Objekte visuell für kurze Zeit angezeigt werden. Die Gestaltpsychologie spielt bei diesem Test eine große Rolle. Diese besagt, dass der Mensch Reize nicht beziehungslos wahrnimmt und diese dann nachträglich zusammenfügt, sondern, dass Gestalten als Einheit wahrgenommen werden. Zu den Gestaltgesetzen gehören: „Gesetz der Nähe, Gesetz der Ähnlichkeit, Gesetz des gemeinsamen Schicksals, Gesetz der guten Gestalt [und] Gesetz der Geschlossenheit"[28], diese liefern bedeutsame Erkenntnisse für die Werbegestaltung. Ein weiterer psychologischer Ansatz zur Erklärung von Wahrnehmung ist die Ganzheitspsychologie. Diese besagt, dass zu Beginn des Wahrnehmungsprozesses nicht unbedingt direkt erkannt wird, worum es sich handelt, aber trotzdem werden schon erste unbewusste und gefühlsmäßige Reaktionen (Anmutungen) ausgelöst, die dann darauffolgende Interpretations- und Informationsverarbeitungsvorgänge beeinflussen. In den ersten Wahrnehmungsphasen entstehen demnach gefühlsmäßige Anmutungen auf Grundlage einer ganzheitlichen Wahrnehmung. Die darauf folgenden kognitiven Wahrnehmungsprozesse werden durch diesen theoretischen Ansatz beeinflusst.[29]

Von guter Kommunikationsleistung kann gesprochen werden, wenn ein Werbemittel in kurzer Zeit seinen Informationsinhalt vermitteln kann und positive Gefühle auslöst. Die ersten entstehenden Anmutungen entscheiden somit darüber, ob die betrachtete Werbung genauer beachtet wird oder ob sie nur am Rande wahrgenommen wird.[30] Die Schnelligkeit, mit der eine Gestalt überhaupt erst wahrgenommen werden kann, hängt davon ab, wie sie dargestellt wird. Einfache,

---

[27] Vgl. Theuretzbacher (2016)
[28] Theuretzbacher (2016)
[29] Vgl. Theuretzbacher (2016)
[30] Vgl. Dabic/Schweiger/Ebner (2008), S. 28

symmetrische, einheitliche und gut vom Hintergrund abgehobene Objekte sind schnell und gut wahrzunehmen für den Rezipienten (Gesetz der guten Gestalt etc.).[31]

Der Test kann ähnlich wie der Eye-Tracker die Aufmerksamkeit der Rezipienten abbilden. Des Weiteren misst der Test, wie bereits erläutert, positive oder negative Anmutungen, daher kann geschlossen werden, dass bedingt auch Kategorien von Emotionen in Bezug auf die Werbung abgebildet werden. Hauptmessvariable ist hier allerdings die Aufmerksamkeit. Durch die anschließende Befragung der Rezipienten können Emotionen in dem Sinne dargestellt werden, dass erste unreflektierte Haltungen erkennbar werden.[32] Emotionen entstehen in der Regel, so wie es hier auch der Fall ist, durch äußere Reize sowie durch deren kognitiven Gehalt.[33]

---

[31] Vgl. Dabic/Schweiger/Ebner (2008), S. 28
[32] Vgl. Theuretzbacher (2016)
[33] Vgl. Becker-Carus/Wendet (2017), S. 540

2. Attributionstheorie und Anwendung

Attributionstheorien beruhen auf dem Gedanken, dass der Mensch, ähnlich wie ein Wissenschaftler, ständig versucht, Theorien zu formulieren, die eine Erklärung für das Verhalten sowie das Erleben unserer Mitmenschen liefern. Der Mensch ist bemüht, Ereignisse jeglicher Art zu verstehen, sie vorherzusehen und sie zu beeinflussen. Diese Bemühungen entstehen aus dem Bedürfnis der Menschen zur Kontrolle und Vorhersagbarkeit von Ereignissen.[34] Zudem liegt eine weitere Ursache in diesem typischen menschlichen Verhalten darin, dass Menschen subjektiv die Notwendigkeit empfinden, angemessen auf ihre Umwelt reagieren zu können. Es geht dabei nicht darum, objektiv richtige Erklärungsansätze, sondern subjektiv für richtig eingeschätzte Ansätze zu finden. Zudem wird nicht nur versucht, verschiedene Ereignisse oder das Verhalten anderer Personen zu erklären, sondern auch das persönliche Verhalten unterliegt solchen Erklärungsansätzen. Besonders um das Selbstbild vor Abwertungen zu schützen oder es zu steigern, wird das eigene Verhalten erklärt. Attributionstheorien versuchen, wissenschaftlich den gesunden Menschenverstand zu erklären und greifbar zu machen.[35] Bedeutende Attributionstheorien sind bspw. die von Heider, Jones und Davis sowie die von Kelly. Im Folgenden wird die Attributionstheorie nach Jones und Davis näher erläutert.

2.1 Attributionstheorie nach Jones und Davis

Häufig sind Menschen detailliert daran interessiert, warum eine andere Person eine bestimmte Handlung ausübt oder auch warum bestimmte Handlungsresultate entstehen und fragen daher differenziert nach. Die Attributionstheorie von Jonas und Davis, die 1965 entstanden ist, erklärt, wie versucht wird, die Motivationsstrukturen anderer Menschen zu verstehen. Die Grundannahme ist, dass beobachtetes Verhalten und die selbst erschlossene Absicht zu dem gezeigten

---

[34] Vgl. Stiensmeier-Pelster/Heckhausen (2010), S. 394f.
[35] Vgl. Raab/Unger/Unger (2016), S. 88

Verhalten einer anderen Person auf stabile Persönlichkeitsmerkmale der Person schließen lassen. Während des Attributionsprozesses schlussfolgert die beobachtende Person also, dass das Verhalten sowie seine Absichten mit den Persönlichkeitseigenschaften der Person korrespondieren. Aufgrund dessen wird diese Theorie auch als „Theorie der korrespondierenden Schlussfolgerungen" bezeichnet.[36] Die Theorie versucht somit zu erklären, wie der Mensch darauf schließt, dass das beobachtete Verhalten einer anderen Person mit zugrundeliegenden Dispositionen oder Persönlichkeitsmerkmalen korrespondiert,[37] genau dieser Prozess wird als korrespondierende Schlussfolgerung bezeichnet.[38] Mit Dispositionen sind hier „Temperaments- und Persönlichkeitsmerkmale, Fähigkeiten und Kompetenzen, Bedürfnisse, Motive und Interessen, Einstellungen, Werthaltungen und Überzeugungen, das Selbstkonzept und die Selbstwertschätzung sowie Gefühlstendenzen"[39] gemeint. Dispositionale, also internale Zuschreibungen, geben uns Informationen, mit Hilfe derer in Zukunft auf das Verhalten des Handelnden geschlossen werden kann.[40] Erleben wir beim Einkaufen an der Kasse eine besonders auffallend freundliche Verkäuferin, dann schließt der Mensch in der Regel auf eine freundliche Person (triviale Klarheit, Tabelle 1) und erwartet in der Zukunft erneut ein freundliches Verhalten dieser Person.

Jones und Davis widersprechen nicht der Attributionstheorie von Heider in dem Bereich, da sie ebenfalls davon ausgehen, dass der Beobachter am meisten über das Verhalten des Handelnden lernen könne, wenn die Handlung Informationen über persönliche Charaktereigenschaften liefert. Der Beobachter berücksichtigt während des Ursachenzuschreibungsprozesses das ganze Spektrum der Verhaltensmöglichkeiten, die dem Handelnden zum Zeitpunkt der Entscheidung zur Verfügung stehen. Zudem werden die möglichen Auswirkungen der Verhaltensalternativen beachtet. Indem die Auswirkungen der ausgeführten und der nicht ausgeführten Handlungen verglichen werden, ist der Beobachter in der Lage, sich die Frage nach dem Warum zu beantworten. Während des Prozesses wird ebenfalls berücksichtigt, ob die ausgeführte Handlung sozial erwünscht oder unerwünscht war.[41] Dieser Prozess wird auch als „Analyse nicht gemeinsamer

---

[36] Vgl. Raab/Unger/Unger (2016), S. 90
[37] Vgl. Bachmann (2012), S. 6
[38] Vgl. Parkinson (2014), S. 73
[39] Schmitt (2014), S. 392
[40] Vgl. McLeod (2012)
[41] Vgl. Parkinson (2014), S. 73

Auswirkungen" bezeichnet und meint zusammengefasst, dass der Beobachter versucht, herauszufinden, was die gewählte Handlungsalternative auszeichnet und so wünschenswert erscheinen lässt gegenüber den anderen Alternativen.[42] Wichtig für diesen Prozesses ist, dass der Beobachter davon ausgeht, dass der Handelnde die Folgen bzw. die Auswirkungen seines Tuns auch kennt. Aus Sicht des Beobachtenden sind die Effekte einer Handlung immer beabsichtigt und können nicht durch andere Faktoren ausgelöst werden. Durch diese Annahme ist es möglich, dass von Handlungen und ihren Auswirkungen auf Fähigkeiten und Kenntnisse des Handelnden geschlossen werden kann. Allerdings kann von dieser vermuteten Handlungsabsicht noch kein Schluss auf die Motive dahinter gezogen werden. Eine der Realität entsprechende Schlussfolgerung auf Motive ist wahrscheinlich, wenn eine Handlung nur sehr wenige oder nur eine Folge erwarten lässt. Zudem ist eine Schlussfolgerung der Motive einfacher, wenn eine Person eine Handlung ausübt, die zu eher ungewöhnlichen Folgen führt. Wenn bspw. ein Verkäufer unhöflich zu einem Kunden ist, obwohl eher ein freundliches Verhalten erwartet wird, dann weicht der Verkäufer stark von den Handlungen der „Durchschnittsperson" ab, die Anzahl der zu erwartenden Auswirkungen ist gering und er zeigt sozial unerwünschtes Verhalten. Nach der Theorie der korrespondierenden Schlussfolgerungen ist so der Informationsgehalt für den Beobachter hoch und es fällt leichter, Schlussfolgerungen auf die Dispositionen des Akteurs zu ziehen. In dem beschriebenen Fall liegt eine hohe Korrespondenz zwischen Handlungsfolgen und den Motiven vor.[43] Eine triviale Mehrdeutigkeit liegt im Gegensatz dazu vor, wenn eine Handlung verschiedene Auswirkungen auslöst und diese Auswirkungen zusätzlich noch als sozial erwünscht angesehen werden. Aus dieser Situation kann der Beobachter dann keine speziellen Dispositionen identifizieren, da für ihn keine Informationen vorliegen. Zudem gibt es noch zwei „Mischformen" zwischen dem hohem und dem niedrigen Informationsgehalt. Diese werden als „interessante Mehrdeutigkeit" und als „triviale Klarheit" bezeichnet (Tabelle 1).[44]

---

[42] Vgl. Parkinson (2014), S. 73f.
[43] Vgl. Raab/Unger/Unger (2016), S. 91
[44] Vgl. Raab/Unger/Unger (2016), S. 92

	Ausmaß sozialer Erwünschtheit der Effekte und Ausmaß, in dem sie als üblich angesehen werden	
	Niedrig	Hoch
Wenige oder nur ein Effekt der Handlung	Es tritt (im Extrem) nur ein Effekt auf und dieser ist sozial nicht erwünscht und/oder unüblich → **Hohe Korrespondenz**	Es tritt (im Extrem) nur ein Effekt auf und dieser ist sozial erwünscht und/oder üblich → **Triviale Klarheit**
Viele Effekte der Handlung	Es treten mehrere bis viele Effekte auf und diese sind sozial nicht erwünscht und/oder unüblich → **Interessante Mehrdeutigkeit**	Es treten mehrere bis viele Effekte auf und diese sind sozial erwünscht und/oder allgemein üblich → **Triviale Mehrdeutigkeit**

Tabelle 1: Formen von Korrespondenzen

Quelle: Eigene Darstellung in Anlehnung an Jones und Davis (1965), S. 229 zitiert nach Raab/Unger/Unger (2016), S. 92

Eine Voraussetzung für diese Attributionen ist, dass die attribuierende Person beim Akteur von einer Wahlfreiheit zwischen den Alternativen ausgeht.[45]

Nach der Theorie von Jones und Davis können drei Schritte zur Intentionsattribuierung zusammengefasst werden:

1. Schritt: Damit der Handelnde eine bestimmte Intention verfolgen kann, muss er ein vorausblickendes Wissen über die Auswirkungen seiner Handlung haben und die Fähigkeit besitzen, genau diese Auswirkungen herbeizuführen. Sind diese beiden Voraussetzungen nicht gegeben, dann kann nicht davon ausgegangen werden, dass das Ergebnis der Handlung überhaupt dieser Handlung zugeschrieben werden kann.

2. Schritt: Liegen die ersten beiden Voraussetzungen vor, so muss geprüft werden, welche Effekte des Handlungsergebnisses den Handelnden dazu motiviert haben, dieses Verhalten auszuführen (hiermit ist die Analyse nicht gemeinsamer Auswirkungen gemeint).

3. Schritt: Im letzten Schritt wird die soziale Erwünschtheit überprüft. Hier wird nicht nur allgemein auf soziale Erwünschtheit geachtet, sondern genauer auf die Erwünschtheit des Verhaltens der spezifischen Personengruppe, der der Handelnde angehört. Der Rückschluss von Verhalten typischer Angehöriger

---

[45] Vgl. Raab/Unger/Unger (2016), S. 93

spezieller Gruppen auf die Individualität des Handelnden ist stets mit Unsicherheiten verbunden. Aufgrund dessen hat Jones 1976 zusammen mit McGillis zwei Determinanten von Erwünschtheit aufgestellt:

> „1. Sie lassen sich von dem leiten, was allgemein in einer angegebenen Kultur als erwünscht gilt und

> 2. von dem, was man über die besonderen Erwünschtheiten des Handelnden weiß."[46]

Diese Arten von Erwünschtheiten werden außerdem mit der Wahrscheinlichkeit ihrer Realisierbarkeit gewichtet und so als erwartete Valenz aufgefasst.

Wurden die drei beschrieben Schritte der Intentionsattribuierung durchgeführt, dann ist es für den Menschen möglich, „die erschlossene Korrespondenz zwischen registrierter Handlung und zugrunde liegender Intention als Ausdruck einer Persondisposition zu bestimmen."[47]

Bei Attributionsprozessen kommt es häufiger zu Attributionsfehlern, so auch bei der Attribution anhand der Theorie der korrespondierenden Schlussfolgerungen. Hierzu konnten Forscher herausfinden, dass Menschen eher dazu neigen, persönliche Eigenschaften als Ursache für ein Verhalten zu sehen als situative Begebenheiten, somit werden persönliche Ursachen des Verhaltens oft überschätzt und die situativen Ursachen unterschätzt. Dieses Phänomen wird als Korrespondenzverzerrung bezeichnet.[48] „Der Mensch als 'kognitiver Geizkragen' präferiert zur Erklärung des Verhaltens anderer den personalen Faktor, weil die Zahl möglicher Umwelteinflüsse und Ursachen in einer gegebenen Situation unübersehbar groß sein kann, während die Handlungen eines Menschen, soweit dessen Einstellungen und Motive dem Beobachter bekannt sind, berechenbar erscheinen."[49]

---

[46] Stiensmeier-Pelster/Heckhausen (2010), S. 405
[47] Stiensmeier-Pelster/Heckhausen (2010), S. 405
[48] Vgl. Parkinson (2014), S. 74
[49] Fischer/Wiswede (2009), S. 260

2.2 Anwendung der Theorie in der Markt- und Konsumentenpsychologie

Für die Attributionstheorie gibt es vielfache Anwendungsmöglichkeiten in der Praxis. Somit kann auch die Theorie der korrespondierenden Schlussfolgerungen in der Markt- und Konsumentenpsychologie in verschiedenen Bereichen angewendet werden. In dieser Arbeit soll die Anwendung besonders im Bereich von Dienstleistungsmängeln oder Dienstleistungsfehlern (Servicefehlern) stattfinden. Die in Kapitel 2.1 erklärte Theorie kann erläutern, warum Menschen wie auf Dienstleistungsmängel oder -fehler reagieren und welche (wirtschaftlichen) Auswirkungen das für den Dienstleister oder das gesamte Unternehmen haben kann. Zudem wird darauf eingegangen, warum die durch Dienstleistungsmängel entstandene Unzufriedenheit des Kunden unterschiedlich stark ausfallen kann. Für Unternehmen ist es von Bedeutung, das Verhalten ihrer Kunden genauer zu verstehen und somit eventuell mögliche negative Auswirkungen von Attributionen zu verhindern. Die Reaktion der Kunden auf einen Servicefehler hängt stark davon ab, wen sie dafür verantwortlich machen. „Wer glaubt, dass der Anbieter einen Fehler hätte vermeiden können, der neigt zu starker Unzufriedenheit. Bleibt die Frage der Verantwortlichkeit hingegen offen, dann fallen die Zufriedenheitsurteile weniger negativ aus."[50] Kann der Kunde davon ausgehen, dass die Mängel bewusst durch den Dienstleister produziert wurden oder der Dienstleister dies hätte vermeiden können, weil er die Kontrolle darüber hatte, dann ärgert sich der Verbraucher mehr über den Produkt- oder Dienstleistungsfehler, als wenn anzunehmen ist, dass der Dienstleister keine Schuld an dem Servicemangel hat.[51] Wissenschaftler konnten herausfinden, dass die Neigung zu internalen Attributionen, wie bei Jones und Davis beschrieben, zudem auch kulturell unterschiedlich ist. So neigen ostasiatische Gesellschaften mehr zu situativen (externalen) Attributionen und machen äußere Umstände für Servicefehler verantwortlich, wohingegen die westlichen Kulturkreise stärker zu personalen Attributionen neigen.[52]

Nach der Theorie von Jones und Davis schreibt der Mensch die Ursachen für Handlungen anderer Personen größtenteils persönlichen

---

[50] Vgl. Gelbrich (2016), S. 222
[51] Vgl. Niemeyer (1993), S. 62
[52] Vgl. Gelbrich (2016), S. 223

Charaktereigenschaften zu, er nimmt also internale Attributionen vor und vernachlässigt externale Attributionen. Liegt der Fall vor, dass ein Kunde Mängel in der Dienstleistung bei der Verkaufsberatung feststellt und diese klar dem Dienstleister zuschreibt, obwohl der Dienstleister gemäss möglicherweise nicht zutreffender oder ungenauer Angaben des Kunden über dessen Vorstellungen und Kaufpräferenzen aus seiner Sicht bestmöglich beraten hat, dann kann davon ausgegangen werden, dass der Kunde mit hoher Wahrscheinlichkeit Faktoren, die im Dienstleister selber liegen, also bspw. Charaktereigenschaften, dafür verantwortlich macht.[53] Dadurch, dass der Kunde den Mangel in der Dienstleistung eventuell fälschlicherweise dem Dienstleister zuschreibt und, nach der Theorie korrespondierender Schlussfolgerungen, Charaktereigenschaften dafür verantwortlich macht, blendet er mögliche andere Gründe für das Verhalten des Dienstleisters aus, die dessen Verhalten durch situative Ursachen erklären könnten. Eine negative Folge, die für das Unternehmen hieraus entstehen könnte, wäre, dass durch die (möglicherweise) entstandene Korrespondenzverzerrung der Kunde hier nicht erneut Dienstleistungen in Anspruch nehmen wird, sondern zur Konkurrenz wechselt.

Zudem konnten Forscher herausfinden, dass der Mensch eher daran interessiert ist, ungewöhnliche und selten passierende Ereignisse zu erklären, als solche, die als alltäglich und normal angesehen werden.[54] Stellt der Kunde fest, dass ein Produkt, welches er gekauft hat, Mängel aufweist, dann entsteht bei ihm die Frage nach dem Warum. Genauso ist es, wenn ein Kunde bei der Beratung in einem Geschäft Mängel des Dienstleisters oder Servicefehler feststellt, also bspw. ein völlig unpassendes Produkt angeboten wird oder die Beratung ständig unterbrochen wird. Im Gegensatz dazu kann gesagt werden, dass sozial erwünschtes und „normales" erwartetes Verhalten weniger hinterfragt wird als das gezeigte unerwünschte Verhalten. „Dass ein Kunde freundlich behandelt wird, gilt als sozial erwünscht und lässt kaum Rückschlüsse auf Motive des Verkaufspersonals zu."[55] Daher wird der Attributionsprozess basierend auf der Theorie korrespondierender Schlussfolgerungen in Gang gesetzt, wenn sich ein Dienstleister, Berater oder Verkäufer unerwartet unhöflich, unkonzentriert oder

---

[53] Vgl. Nerdinger/Neumann/Curth (2015), S. 125
[54] Vgl. Parkinson (2014), S. 74
[55] Raab/Unger/Unger (2016), S. 91

inkompetent etc. verhält. Für den Kunden negativ auffallendes Verhalten löst also häufig negative Folgen für den Dienstleister aus, da der Kunde nach Jones und Davis die Ursachen für dieses Verhalten in (negativen) Charaktereigenschaften suchen wird und sich so seine subjektive Ursachenzuschreibung bilden wird. Im zuletzt beschriebenen Fall, dass der Dienstleister sich sozial unerwünscht verhält, dann ist es für den Kunden leicht, auf dessen Dispositionen zu schließen, da eine hohe Korrespondenz vorliegt aufgrund dessen, dass die Handlung des Dienstleisters stark vom Durchschnitt abweicht und somit auch die Folgen der Handlung gering sind. Der Kunde schließt durch die vom Dienstleister beabsichtigten Effekte laut der Theorie von Jones und Davis auf personenspezifische Motive des Handelns und nicht auf situationsspezifische Ursachen.[56]

Da Intentionen, Motive und Einstellungen die Grundlage für menschliche Handlungen sind und vom Beobachter durch seine subjektive Ursachenzuschreibung erkannt werden, stellen sie im Dienstleistungsbeispiel einen großen Informationsgewinn für den Kunden dar in dem Sinne, dass dadurch Rückschlüsse darauf gezogen werden können, wie die andere Person sich zukünftig verhalten wird. Das ist ebenso ein Grund, warum Kunden vermutlich nicht erneut bei einem Geschäft einkaufen werden, in dem sie Dienstleistungsmängel erlebt haben. Sie schließen von den durch sie subjektiv gebildeten Intentionen hinter dem Verhalten des Dienstleisters auf bestimmte Charaktereigenschaften. Da Verhaltensfehler oder -mängel in der Regel mit negativen Charaktereigenschaften in Verbindung gebracht werden, zieht der Kunde den Rückschluss, dass er beim nächsten Besuch in diesem Geschäft von diesem Dienstleister erneut schlecht beraten werden wird.[57]

In der Theorie der korrespondierenden Schlussfolgerungen wurde ebenfalls auf mögliche Korrespondenzverzerrungen eingegangen. Es kann gesagt werden, dass Korrespondenzverzerrungen im Rahmen der Markt- und Konsumentenpsychologie von Bedeutung sind, da sie das Kaufverhalten von Konsumenten beeinflussen können. Ein Grund für diese Verzerrung kann sein, dass das Verhalten des Handelnden auffallender ist als der situative Kontext und daher die Ursache nicht in der Situation gesucht wird. Der Mensch schließt von einem aggressiven Verhalten also schneller auf eine aggressive Person als auf eine der Situation

---

[56] Vgl. Raab/Unger/Unger (2016), S. 91
[57] Vgl. Stiensmeier-Pelster/Heckhausen (2010), S. 404

geschuldete Aggressivität.[58] Diese vielfach entstehenden Korrespondenzverzerrungen können, wenn sie gehäuft auftreten, beim Dienstleister/Unternehmen einen wirtschaftlichen Schaden entstehen lassen, da die Wahrscheinlichkeit hoch ist, dass der Kunde nicht mehr in einem Geschäft mit bspw. unfreundlichen Verkäufern einkaufen wird und dies eventuell auch anderen Personen seines Umfeldes rät. Es ist vorstellbar, dass die Erkenntnis der Anwendbarkeit dieser Theorie in der Markt- und Konsumentenpsychologie besonders interessant ist, wenn es sich bei den betroffenen Personen um Stammkunden handelt, die als Folge von Dienstleistungsmängeln gegebenenfalls zur Konkurrenz wechseln und diese Erfahrung zudem mit anderen teilen.

In dieser Arbeit wurde ein differenziertes Beispiel für eine Anwendungsmöglichkeit im Bereich von Dienstleistungsmängeln erörtert. Es wird klar, dass Attributionstheorien generell und auch die Attributionstheorie von Jones und Davis in der Markt- und Konsumentenpsychologie vielfach Anwendung finden kann. Die hier erläuterten Beispiele zeigen nur einen kleinen Ausschnitt der möglichen Anwendbarkeit der Theorie in der Praxis insofern, als dass sie manches Konsumentenverhalten erklären und teilweise vorhersehbar machen können. Setzen sich Unternehmen mit solchen Theorien auseinander, dann wird dies einen Informationsgewinn darstellen und es besteht die Möglichkeit, durch entsprechende Verhaltensanpassung positive Auswirkungen zu erzielen.

---

[58] Vgl. Spektrum (Jahr unbekannt)

Literaturverzeichnis

Attributionsfehler, fundamentaler (Jahr unbekannt), https://www.spektrum.de/lexikon/psychologie/attributionsfehler-fundamentaler/1590#, zuletzt abgerufen am 29.04.2020.

Bachmann, A. (2012), Attribution, http://www.uni-kiel.de/psychologie/sozial/downloads/vorsoz/Vorlesung%20Sozialpsychologie%20Attributionen_Bachmann.pdf, zuletzt abgerufen am 29.04.2020.

Becker, J./ Trommsdorf, V. (2016), Verfahren des Werbemittel-Pretesting. In: Esch, F.-R./ Langner, T./ Bruhn, M. (Hrsg.), Handbuch Controlling der Kommunikation. Wiesbaden: Springer.

Becker-Carus, C./ Wendt, M. (2017), Allgemeine Psychologie (2. Aufl.). Berlin: Springer.

Blake, C. (2013), Eye-Tracking: Grundlagen und Anwendungsfelder. In: Möhring, W./ Schütz, D. (Hrsg.), Handbuch standardisierter Erhebungsverfahren in der Kommunikationswissenschaft. Wiesebaden: Springer.

Dabic, M./ Schweiger, G./ Ebner, U. (2008),: Der erste Eindruck zählt! Werbeforschung mit dem Tachistoskop, Transfer – Werbeforschung & Praxis.

Fischer, L./ Wiswede, G. (2009), Grundlagen der Sozialpsychologie (3. Aufl.). München: Oldenbourg.

Geise, S. (2011), Eyetracking in der Kommunikations- und Medienwissenschaft: Theorie, Methode und kritische Reflexion unter SCM, Extended Paper 2/2011, Erfurt, https://www.readcube.com/articles/10.5771/2192-4007-2011-2-149, zuletzt abgerufen am 24.04.2020.

Gelbrich, K. (2016), Interkulturelles Beschwerdemanagement. In: Corsten, H./ Roth, S. (Hrsg.), Handbuch Dienstleistungsmangement. München: Vahlen

Gleich, U. (2005), Methodische (Weiter-)Entwicklungen für die Media- und Werbeforschung. ARD-Forschungsdienst, Heft 6.

Hofer, N./ Mayerhofer, W. (2010), Die Blickregistrierung in der Werbewirkungsforschung: Grundlagen und Ergebnisse, der Markt – Journal für Marketing, 49. Jg., S. 143-169.

Hofer, M./ Fahr, A. (2016), Apparative Messungen in der Werbewirkungsforschung. In: Siegert, G. et al. (Hrsg.), Handbuch Werbeforschung (2. Aufl.). Wiesbaden: Springer.

McLeod, S. (2012), Attribution Theory, https://www.simplypsychology.org/attribution-theory.html, zuletzt abgerufen am 29.04.2020.

Nerdinger, F./ Neumann, C./ Curth, S. (2015), Kundenzufriedenheit und Kundenbindung. In: Moser, K. (Hrsg.), Wirtschaftspsychologie (2. Aufl.). Berlin, Heidelberg: Springer.

Niemeyer, H.-G. (1993), Begründungsmuster von Konsumenten: Attributionstheoretische Grundlagen und Einflußmöglichkeiten im Marketing. Heidelberg: Physica-Verlag.

Nufer, G./ Ambacher, V. (2012), Eye Tracking als Instrument der Werbeerfolgskontrolle, Reutlinger Diskussionsbeiträge zu Marketing & Management No. 2012-05, Hochschule Reutlingen, ESB Business School, Reutlingen, https://www.econstor.eu/bitstream/10419/60472/1/720571928.pdf, zuletzt abgerufen am 24.04.2020.

Parkinson, B. (2014), Soziale Wahrnehmung und Attribution. In: Jonas, K./ Stroebe, W./ Hewstone, M. (Hrsg.), Sozialpsychologie (6. Aufl.). Berlin, Heidelberg: Springer.

Raab, G./ Unger, A./ Unger, F. (2016), Marktpsychologie (4. Aufl.). Wiesbaden: Springer Gabler.

Rutschmann, M. (2013), Abschied vom Branding – Wie man Kunden wirklich ans Kaufen führt – mit Marketing, das sich an Kaufprozessen orientiert (2. Aufl.). Wiesbaden: Springer Gabler.

Schmitt, M. (2014), Disposition. In: Wirtz, M. (Hrsg.), Dorsch – Lexikon der Psychologie (18. Aufl.). Bern: Hogrefe.

Stiensmeier-Pelster, J./ Heckhausen, H. (2010), Kausalattribution von Verhalten und Leistung. In: Heckhausen, J./ Heckhausen H. (Hrsg.), Motivation und Handeln (4. Aufl.). Berlin, Heidelberg: Springer.

Theuretzbacher, J. (2016), Das Tachistoskop in der Werbewirkungsforschung, https://fhstpmedien.wordpress.com/2016/11/24/das-tachistoskop-in-der-werbewirkungsforschung/, zuletzt abgerufen am 24.04.2020.

Von Keitz, B. (2016), Diagnostisches Werbetesting mittels apparativer Verfahren: Erfahrungen aus der Werbeforschung. In: Esch, F.-R./ Langner, T./ Bruhn, M. (Hrsg.), Handbuch Controlling der Kommunikation. Wiesbaden: Springer.

BEI GRIN MACHT SICH IHR WISSEN BEZAHLT

- Wir veröffentlichen Ihre Hausarbeit,
  Bachelor- und Masterarbeit

- Ihr eigenes eBook und Buch -
  weltweit in allen wichtigen Shops

- Verdienen Sie an jedem Verkauf

Jetzt bei www.GRIN.com hochladen und kostenlos publizieren